FÜR MEINE TOCHER NADINE

MICHEL F. BOLLE

100 POWER-ZITATE

FÜR EIN GLÜCKLICHES UND ERFOLGREICHES LEBEN

© 2017 Michel F. Bolle
Umschlag, Illustration, Bilder: Michel F. Bolle

Verlag: tredition GmbH, Hamburg

ISBN
Paperback   978-3-7439-5818-0
Hardcover   978-3-7439-5819-7
E-Book   978-3-7439-5820-3

Printed in Germany

Inhaltsverzeichnis

Vorwort

Michel ist zweifellos ein ganz besonderer Mensch. Wenn man dem imposanten Zwei-Meter-Mann erstmals begegnet, wie ich 2007 während eines Leadership-Symposiums in Zürich, könnte man es schon fast etwas mit der Angst zu tun bekommen. Es braucht jedoch nicht lange, bis man spürt und sieht, dass man es hier mit einem warmherzigen und sehr bodenständigen Schweizer Eidgenossen zu tun hat.

Michel hat diese seltene Fähigkeit, alles was er anpackt, mit einer unglaublichen Leidenschaft anzugehen und sogleich Menschen um ihn herum für seine Projekte zu begeistern.

Über die vielen Jahre unserer Freundschaft hatte ich das Glück, seine verschiedenen Facetten und Talente kennenzulernen. Als Volleyball-Coach, Geschäftsmann, Leadership-Experte, Freund und in privilegierten Momenten auch als Karten-Magier. Egal, in welcher Rolle er sich gerade befindet, zwei Konstanten sind immer gleich. Michel ist ein einmaliger Geschichtenerzähler, und verfügt über einen unverkennbaren sarkastischen Humor.

Nicht selten endeten unsere Abendessen erst in den frühen Morgenstunden, nachdem er das ganze Restaurant mit seinen faszinierenden Geschichten oder Karten- und Mentaltricks unterhalten hatte.

Er steht jederzeit mit beiden Füßen fest auf dem Boden und ist sich selbst, trotz Erfolg und dem ganzen Medienrummel, immer treu geblieben. Eine Charaktereigenschaft die eben auch das Besondere an Michel ausmacht.

Steve Parker, Geschäftspartner & Freund

Einleitung

Gratulation, dass Sie bereits bis hierhin gelesen haben!

Entweder haben Sie das Buch gekauft, ausgeliehen oder man hat es Ihnen geschenkt. Im ungünstigsten Fall entwendeten Sie das Buch irgendwo auf eine elegante Art und Weise. Das Letztere hätte die unschöne Konsequenz, dass ich an Ihrer Lektüre nichts verdienen werde. Schlimm wäre dies jedoch nicht. Ich lernte im Leben, mich auch an ganz einfachen Dingen zu freuen. Und so freue ich mich, dass Sie die Entscheidung getroffen haben, mit diesem Buch dem Glück und Erfolg in Ihrem Leben einen Schritt näher zu kommen.

Anfang der 80er Jahre, sagte mein damaliger Klassenlehrer im Geschichtsunterricht folgendes: **„Zitate von Menschen, die Geschichte geschrieben haben, sagen oft mehr aus als ein ganzes Buch."** Dies beeindruckte mich damals so sehr, dass ich sofort anfing Zitate aus der ganzen Welt und zu den verschiedensten Themen zu sammeln, zu interpretieren und im Leben anzuwenden. Mittlerweile besteht meine Schatzkiste aus über 2000 kleinen Karteikarten zu Themen wie: Motivation, Glück, Arbeit, Gesundheit, Freundschaft und Familie.

Als Trainer der Schweizer Männer-Volleyball-Nationalmannschaft konnte ich Zitate oft erfolgreich in meinen Spielvorbereitungen einsetzen. Heute sind sie fester Bestandteil meines Führungsstils im Geschäftsleben.

Dieses Buch ist viel mehr als nur eine Auflistung von Zitaten. Ich werde Ihnen genau die Anleitung geben, welche auch mir im Leben zu Glück und Erfolg verholfen hat.

Was Ihnen Psychiater verschweigen

Ich lernte in den vergangenen Jahren viele Leute kennen, deren Leben voller Probleme war. Die meisten von ihnen gingen schon seit Jahren zum Psychiater oder Psychologen und investierten eine ganze Stange Geld für erfolglose Therapien. Um gleich Nägel mit Köpfen zu machen! Ich persönlich habe noch nie einen Menschen getroffen, welcher durch eine Psychotherapie geheilt wurde. Grundsätzlich hat das ewige „Bohren" in der Vergangenheit nur zur Folge, dass die Leute immer wieder neue Gründe und Ausflüchte entdecken, welche für Ihr Unglück verantwortlich sein sollten.

Irgendwie ist das ja auch logisch. Wären Psychiater und Psychologen und ihre Methoden so gut, dass sie Menschen in einer Sitzung heilen könnten, dann hätten sie schlicht keine Arbeit mehr.

Es gibt viele Beispiele von erfolgreichen Methoden, die Tausenden von Leuten geholfen haben, sofort glücklicher und erfolgreicher zu sein.

Ende der 90er Jahre entschied ich mich meinen gutbezahlten Job zu verlassen und ein professioneller Volleyballtrainer zu werden. Gedanken über mögliche Folgen kamen mir damals nicht in den Sinn. Getroffen hat es mich jedoch wie ein Blitz! Aus dem Traum „Volleyballtrainer" entwickelte sich relativ rasch eine echte Lebens- und Überlebenskrise. Zuerst ist meine Ehe in die Brüche gegangen und ich musste einen Teil der gemeinsamen Schulden übernehmen. Dazu kamen Alimentenzahlungen für meine Tochter. Irgendwann musste ich dann feststellen, dass ich von meinem Trainerlohn den ganzen Verpflichtungen nicht mehr nachkommen konnte. Um es kurz zu fassen, in wenigen Monaten vom „König" zum „Bettler"!

Zu dieser Zeit, hatte ich oft große Zweifel an mir selbst, was natürlich die Arbeit als Trainer und Vorbild nicht einfacher machte.

Da ich von Natur aus jedoch ein positiver Mensch bin und nur selten aufgebe, hatte ich irgendwann angefangen, Bücher zu den Themen Glück und Erfolg zu lesen. Ich habe alles in mich hineingeschlungen was ich finden konnte. Tagelang verbrachte ich in der Bibliothek in Lausanne, Bücher zu kaufen konnte ich mir ja nicht leisten.

Aus dieser Zeit sind mir drei Methoden geblieben, welche mir wirklich schnell geholfen haben, mein Leben wieder in den Griff zu kriegen:

1) **Investiere Deine Energie und Taten nur für die Gegenwart und für die Zukunft!**

   Die Vergangenheit kannst Du nicht mehr ändern.

2) **Schaue so oft wie möglich nach oben!**

   Es ist durch mehrere unabhängige Studien bewiesen, dass Menschen, welche nach oben und hoch schauen, nicht depressiv werden können.

3) **Träume so viel und so oft wie Du kannst!**

   Regelmäßiges Träumen bringt ein Glücksgefühl.

Diese Methoden halfen nicht nur mir, sondern auch viele meiner Freunde. **Starten Sie jetzt damit!**

Was erfolgreiche Menschen ausmacht

Für meine Doktorarbeit zum Thema Leadership befragte ich insgesamt über 500 Leute aus den Bereichen Wirtschaft und Sport zu ihren Erfolgsgeheimnissen.

Falls Sie hier irgendwelche geheimen Methoden erwarten, muss ich Sie gleich enttäuschen. Ich war selber erstaunt, wie einfach die Antworten zum Teil ausgefallen sind.

Erfolgreiche Menschen:

1) **Haben von Grund auf immer eine positive Einstellung.**

2) **Sehen das Glas immer halbvoll und nie halbleer.**

3) **Sind überzeugt, dass Kleingruppen sehr erfolgreich sein können.**

Es lohnt sich wirklich, sich hierzu ein paar Gedanken zu machen und zu versuchen, die drei Methoden in Ihrem Leben anzuwenden.

Punkt 1 zum Beispiel hat unmissverständlich zur Folge, dass man sich von Menschen, die immer nur „meckern" und negativ sind, fernhalten sollte.

Zu Kleingruppen gehört zum Beispiel auch die Familie. Haben Sie sich schon einmal die Frage gestellt, was es braucht, dass Ihre Familie erfolgreich und glücklich ist?

Gebrauchsanweisung Zitate

Das Geniale an Zitaten ist, dass, wenn man sich ein wenig mit ihnen auseinandersetzt, man immer wieder Ideen findet, was man aus einem Zitat fürs eigene Leben mitnehmen kann.

Lesen Sie die Zitate nicht nur, sondern arbeiten Sie mit ihnen. Mir hat diese Herangehweise enorm viel gebracht auf dem Weg zum Glück und Erfolg.

Anleitung:

a) Lesen Sie das Zitat ein paar Mal, wenn möglich in einer ruhigen Umgebung.

b) Fangen Sie an, mit dem Zitat zu spielen. Was wollte der Autor mit diesem Satz genau sagen? Kann man den Satz auf verschiedene Arten interpretieren?

   (Sie können rund um das Zitat auf der weißen Fläche auch ruhig Stichwörter und Ideen aufschreiben)

c) Überlegen Sie sich, wo Ihnen in Ihrem Leben das Zitat helfen könnte. In welchen Lebenssituationen könnten Sie es anwenden (evtl. aufschreiben).

d) Schreiben Sie sich unten, in den vorbereiteten Feldern für jedes Zitat 1–3 persönliche Ziele auf.

Und dann müssen Sie die Ziele nur noch umsetzen. Am besten ein Ziel pro Tag. Einfacher und günstiger geht's nicht!

„Genie ist ein Prozent Inspiration und neunundneunzig Prozent Schweiß."

(Thomas Alva Edison)

Mein Ziel Nr. 1 : _____

Mein Ziel Nr. 2 : _____

Mein Ziel Nr. 3 : _____

„Nimm dir jeden Tag die Zeit, still zu sitzen und auf die Dinge zu lauschen. Achte auf die Melodie des Lebens, welche in dir schwingt."

(Buddha)

Mein Ziel Nr. 1   : _____

Mein Ziel Nr. 2   : _____

Mein Ziel Nr. 3   : _____

„Wer glaubt, dass jeder Facebook-Kontakt ein Freund ist, der weiß nicht was Freundschaft bedeutet."

(Mark Zuckerberg)

Mein Ziel Nr. 1   : _____

Mein Ziel Nr. 2   : _____

Mein Ziel Nr. 3   : _____

„Die besten Dinge im Leben sind nicht die, die man für Geld bekommt."

(Albert Einstein)

Mein Ziel Nr. 1 : _____

Mein Ziel Nr. 2 : _____

Mein Ziel Nr. 3 : _____

„Diejenigen, die verrückt genug sind zu denken, sie könnten die Welt verändern, tun es auch."

(Steve Jobs)

Mein Ziel Nr. 1 : _____

Mein Ziel Nr. 2 : _____

Mein Ziel Nr. 3 : _____

„Träume, als ob du ewig leben wür-
dest. Lebe, als ob jeder Tag dein
letzter wäre."

(James Dean)

Mein Ziel Nr. 1 : _____

Mein Ziel Nr. 2 : _____

Mein Ziel Nr. 3 : _____

„Das Geheimnis voranzukommen, ist anzufangen."

(Mark Twain)

Mein Ziel Nr. 1 : _____

Mein Ziel Nr. 2 : _____

Mein Ziel Nr. 3 : _____

> **„Ich freue mich wenn es regnet,
> denn wenn ich mich nicht freue,
> regnet es auch."**
>
> (Karl Valentin)

Mein Ziel Nr. 1   : _____

Mein Ziel Nr. 2   : _____

Mein Ziel Nr. 3   : _____

„Wenn du es träumen kannst, kannst du es auch tun."

(Walt Disney)

Mein Ziel Nr. 1 : _____

Mein Ziel Nr. 2 : _____

Mein Ziel Nr. 3 : _____

„Fantasie ist wichtiger als Wissen, denn Wissen ist begrenzt."

(Albert Einstein)

Mein Ziel Nr. 1 : _____

Mein Ziel Nr. 2 : _____

Mein Ziel Nr. 3 : _____

„Was zählt ist nicht die Körpergröße eines Menschen, sondern die Größe seines Charakters."

(Evander Holyfield)

Mein Ziel Nr. 1 : _____

Mein Ziel Nr. 2 : _____

Mein Ziel Nr. 3 : _____

„Man kann einem Menschen nichts lehren. Man kann ihm nur helfen, es in sich selbst zu entdecken."

(Galileo Galilei)

Mein Ziel Nr. 1 : _____

Mein Ziel Nr. 2 : _____

Mein Ziel Nr. 3 : _____

„Leben ist das, was passiert, während du eifrig dabei bist, Pläne zu schmieden."

(John Lennon)

Mein Ziel Nr. 1   : _____

Mein Ziel Nr. 2   : _____

Mein Ziel Nr. 3   : _____

„Setze Deine Ziele groß genug und die Umstände werden sich nach Deinen Zielen richten."

(Mahatma Gandhi)

Mein Ziel Nr. 1　: _____

Mein Ziel Nr. 2　: _____

Mein Ziel Nr. 3　: _____

„Ein Tag ohne Lächeln ist ein verlorener Tag."

(Charlie Chaplin)

Mein Ziel Nr. 1 : _____

Mein Ziel Nr. 2 : _____

Mein Ziel Nr. 3 : _____

„Nur wer den Augenblick lebt, lebt für die Zukunft."

(Heinrich von Kleist)

Mein Ziel Nr. 1   : _____

Mein Ziel Nr. 2   : _____

Mein Ziel Nr. 3   : _____

„Wenn einem das Wasser bis zum Mund steht, darf man auf keinen Fall den Kopf hängen lassen."

(Zitat aus China)

Mein Ziel Nr. 1 : _____

Mein Ziel Nr. 2 : _____

Mein Ziel Nr. 3 : _____

> „Man kann niemanden überholen,
> in dessen Fußstapfen man tritt."

(François Truffaut)

Mein Ziel Nr. 1   : _____

Mein Ziel Nr. 2   : _____

Mein Ziel Nr. 3   : _____

„Aus den Steinen, die dir in den Weg gelegt werden, kannst du etwas Schönes bauen."

(Erich Kästner)

Mein Ziel Nr. 1 : _____

Mein Ziel Nr. 2 : _____

Mein Ziel Nr. 3 : _____

„Alle Lebewesen außer dem Menschen wissen, dass der Hauptzweck des Lebens darin besteht, es zu genießen."

(Samuel Butler)

Mein Ziel Nr. 1   : _____

Mein Ziel Nr. 2   : _____

Mein Ziel Nr. 3   : _____

„Damit das Mögliche entsteht, muss immer wieder das Unmögliche versucht werden."

(Hermann Hesse)

Mein Ziel Nr. 1 : _____

Mein Ziel Nr. 2 : _____

Mein Ziel Nr. 3 : _____

**„Wer die Freiheit aufgibt um Sicher-
heit zu gewinnen, der wird am Ende
beides verlieren."**

(Benjamin Franklin)

Mein Ziel Nr. 1 : _____

Mein Ziel Nr. 2 : _____

Mein Ziel Nr. 3 : _____

„Erfolgreich zu sein setzt zwei Dinge voraus: Klare Ziele und den brennenden Wunsch, sie zu erreichen."

(Johann Wolfgang von Goethe)

Mein Ziel Nr. 1 : _____

Mein Ziel Nr. 2 : _____

Mein Ziel Nr. 3 : _____

„Wer sich zu groß fühlt, um kleine Aufgaben zu erfüllen, ist zu klein um mit großen Aufgaben betraut zu werden."

(Jacques Tati)

Mein Ziel Nr. 1 : _____

Mein Ziel Nr. 2 : _____

Mein Ziel Nr. 3 : _____

„Von guter Laune kann man sagen,
dass sie eines der besten Kleidungs-
stücke ist, die man in Gesellschaft
tragen kann."

(William Thackeray)

Mein Ziel Nr. 1   : _____

Mein Ziel Nr. 2   : _____

Mein Ziel Nr. 3   : _____

„Talent bedeutet Energie und Ausdauer. Weiter nichts."

(Heinrich Schliemann)

Mein Ziel Nr. 1 : _____

Mein Ziel Nr. 2 : _____

Mein Ziel Nr. 3 : _____

„Ein großer Mensch ist derjenige, der sein Kinderherz nicht verliert."

(Mengzi)

Mein Ziel Nr. 1   : _____

Mein Ziel Nr. 2   : _____

Mein Ziel Nr. 3   : _____

„Denken ist die schwerste Arbeit, die es gibt. Das ist wahrscheinlich auch der Grund, dass sich so wenige Leute damit beschäftigen."

(Henry Ford)

Mein Ziel Nr. 1   : _____

Mein Ziel Nr. 2   : _____

Mein Ziel Nr. 3   : _____

> **„Die Zukunft wird nicht gemeistert von denen, die am Vergangenen kleben."**

(Willy Brandt)

Mein Ziel Nr. 1   : _____

Mein Ziel Nr. 2   : _____

Mein Ziel Nr. 3   : _____

„Wenn du ein Schiff bauen willst, so trommle nicht die Männer zusammen, um Holz zu beschaffen, Werkzeuge vorzubereiten und Aufgaben zu vergeben, sondern lehre sie die Sehnsucht nach dem endlosen Meer."

(Antoine de Saint-Exupèry)

Mein Ziel Nr. 1   : _____

Mein Ziel Nr. 2   : _____

Mein Ziel Nr. 3   : _____

„Verbringe die Zeit nicht mit der Suche nach einem Hindernis - vielleicht ist keines da."

(Franz Kafka)

Mein Ziel Nr. 1 : _____

Mein Ziel Nr. 2 : _____

Mein Ziel Nr. 3 : _____

„Es kann mich niemand daran hindern, klüger zu werden."

(Konrad Adenauer)

Mein Ziel Nr. 1   : _____

Mein Ziel Nr. 2   : _____

Mein Ziel Nr. 3   : _____

„Die Zeit ist zu kostbar, um sie mit falschen Dingen zu verschwenden."

(Heinz Rühmann)

Mein Ziel Nr. 1 : _____

Mein Ziel Nr. 2 : _____

Mein Ziel Nr. 3 : _____

„Ich habe in meiner Karriere mehr als 9000 Würfe verfehlt. Ich habe beinahe 300 Spiele verloren. 26-mal wurde mir der Buzzerbeater anvertraut und ich habe nicht getroffen. Ich bin immer und immer wieder in meinem Leben gescheitert. Und das ist der Grund, warum ich gewinne."

(Michael Jordan)

Mein Ziel Nr. 1 : _____

Mein Ziel Nr. 2 : _____

Mein Ziel Nr. 3 : _____

> „Erfolgreiche Menschen stellen bessere Fragen, als Resultat bekommen sie bessere Antworten."

(Anthony Robbins)

Mein Ziel Nr. 1   : _____

Mein Ziel Nr. 2   : _____

Mein Ziel Nr. 3   : _____

„Mehr als die Vergangenheit interessiert mich die Zukunft, denn in ihr gedenke ich zu leben."

(Albert Einstein)

Mein Ziel Nr. 1 : _____

Mein Ziel Nr. 2 : _____

Mein Ziel Nr. 3 : _____

„Die Definition von Wahnsinn ist, immer wieder das Gleiche zu tun und andere Ergebnisse zu erwarten."

(Albert Einstein)

Mein Ziel Nr. 1 : _____

Mein Ziel Nr. 2 : _____

Mein Ziel Nr. 3 : _____

> „Die Zukunft hat viele Namen: Für Schwache ist sie das Unerreichbare, für die Furchtsamen das Unbekannte, für die Mutigen die Chance."
>
> (Victor Hugo)

Mein Ziel Nr. 1 : _____

Mein Ziel Nr. 2 : _____

Mein Ziel Nr. 3 : _____

„Du kannst dir nicht aussuchen wie du stirbst. Oder wann. Du kannst nur entscheiden wie du lebst. Jetzt."

(Joan Baez)

Mein Ziel Nr. 1 : _____

Mein Ziel Nr. 2 : _____

Mein Ziel Nr. 3 : _____

„Es gibt zur zwei Arten zu leben. Entweder so als wäre nichts ein Wunder oder so als wäre alles ein Wunder."

(Albert Einstein)

Mein Ziel Nr. 1   : _____

Mein Ziel Nr. 2   : _____

Mein Ziel Nr. 3   : _____

„Nehmen Sie die Menschen, wie sie sind, andere gibt's nicht."

(Konrad Adenauer)

Mein Ziel Nr. 1 : _____

Mein Ziel Nr. 2 : _____

Mein Ziel Nr. 3 : _____

„Nur wer die Geschichte kennt, ist fähig die Gegenwart richtig zu analysieren und für die Zukunft sinnvolle Entscheide zu treffen."

(Christoph Blocher)

Mein Ziel Nr. 1   : _____

Mein Ziel Nr. 2   : _____

Mein Ziel Nr. 3   : _____

„Glück ist Liebe, nichts anderes.
Wer lieben kann, ist glücklich."

(Hermann Hesse)

Mein Ziel Nr. 1 : _____

Mein Ziel Nr. 2 : _____

Mein Ziel Nr. 3 : _____

„Wer den Glauben in die Zukunft verloren hat, findet auch in der Gegenwart keinen Halt mehr."

(Ernst Ferstl)

Mein Ziel Nr. 1 : _____

Mein Ziel Nr. 2 : _____

Mein Ziel Nr. 3 : _____

„Umgebe dich von Menschen die klüger sind als du.“

(Michel F. Bolle)

Mein Ziel Nr. 1 : _____

Mein Ziel Nr. 2 : _____

Mein Ziel Nr. 3 : _____

„Vergleiche dich nie mit anderen, sonst beleidigst du dich nur selbst."

(Bill Gates)

Mein Ziel Nr. 1 : _____

Mein Ziel Nr. 2 : _____

Mein Ziel Nr. 3 : _____

„Die Kunst ist, einmal mehr aufzustehen, als man umgeworfen wird."

(Winston Churchill)

Mein Ziel Nr. 1 : _____

Mein Ziel Nr. 2 : _____

Mein Ziel Nr. 3 : _____

"Müde macht uns die Arbeit, die wir liegenlassen, nicht die, die wir tun."

(Marie von Ebner-Eschenbach)

Mein Ziel Nr. 1　:＿＿＿＿＿＿＿＿＿＿＿＿＿＿＿

Mein Ziel Nr. 2　:＿＿＿＿＿＿＿＿＿＿＿＿＿＿＿

Mein Ziel Nr. 3　:＿＿＿＿＿＿＿＿＿＿＿＿＿＿＿

„Zornig sein heißt die Fehler anderer an uns selbst zu rächen."

(Alexander Pope)

Mein Ziel Nr. 1 : _____

Mein Ziel Nr. 2 : _____

Mein Ziel Nr. 3 : _____

„**Der Jammer mit den Weltverbesse-
rern ist, dass sie nie bei sich selber
anfangen.**"

(Mark Twain)

Mein Ziel Nr. 1   : _____

Mein Ziel Nr. 2   : _____

Mein Ziel Nr. 3   : _____

„Es gibt drei Sorten von Menschen: solche, die sich zu Tode sorgen; solche, die sich zu Tode arbeiten; und solche, die sich zu Tode langweilen."

(Winston Churchill)

Mein Ziel Nr. 1 : _____

Mein Ziel Nr. 2 : _____

Mein Ziel Nr. 3 : _____

„Unzufriedenheit mit dem Schicksal kommt vielfach daher, weil man glaubt, das Leben sei für den anderen leichter als für uns selbst."

(Emil Oesch)

Mein Ziel Nr. 1   : _____

Mein Ziel Nr. 2   : _____

Mein Ziel Nr. 3   : _____

„Fragt nicht, was Euer Land für Euch tun kann. Fragt, was Ihr für Euer Land tun könnt."

(John F. Kennedy)

Mein Ziel Nr. 1   : _____

Mein Ziel Nr. 2   : _____

Mein Ziel Nr. 3   : _____

„Wie kahl und jämmerlich würde manches Stück Erde aussehen, wenn kein Unkraut darauf wüchse."

(Wilhelm Raabe)

Mein Ziel Nr. 1   : _____

Mein Ziel Nr. 2   : _____

Mein Ziel Nr. 3   : _____

„So lassen Sie mich denn als Allererstes meine feste Überzeugung bekunden, dass das Einzige, was wir zu fürchten haben, die Furcht selbst ist."

(Franklin D. Roosevelt)

Mein Ziel Nr. 1   : _____

Mein Ziel Nr. 2   : _____

Mein Ziel Nr. 3   : _____

„Wo kämen wir hin, wenn alle sag-
ten, wo kämen wir hin, und niemand
ginge, um einmal zu schauen, wohin
man käme, wenn man ginge."

(Kurt Marti)

Mein Ziel Nr. 1 : _____

Mein Ziel Nr. 2 : _____

Mein Ziel Nr. 3 : _____

„Freude herrscht.“

(Adolf Ogi)

Mein Ziel Nr. 1 : _____

Mein Ziel Nr. 2 : _____

Mein Ziel Nr. 3 : _____

„Unser Kopf ist rund, damit das Denken seine Richtung ändern kann."

(Francis Picabia)

Mein Ziel Nr. 1 : _____

Mein Ziel Nr. 2 : _____

Mein Ziel Nr. 3 : _____

„Der beste Weg, die Zukunft vorauszusagen, ist, sie zu gestalten."

(Willy Brandt)

Mein Ziel Nr. 1 : _____

Mein Ziel Nr. 2 : _____

Mein Ziel Nr. 3 : _____

„Es gibt viele Gründe alles so zu belassen wie es ist, aber nur einen etwas zu ändern: Du hälst es einfach nicht mehr aus."

(Carl Flemming)

Mein Ziel Nr. 1   : _____

Mein Ziel Nr. 2   : _____

Mein Ziel Nr. 3   : _____

„Der einzige Weg das Leben zu ertragen, ist, es schön zu finden."

(Rudolf Leonhard)

Mein Ziel Nr. 1 : _____

Mein Ziel Nr. 2 : _____

Mein Ziel Nr. 3 : _____

> „Ein dummer Mensch macht zu allem eine Bemerkung. Ein Kluger bemerkt alles."

(Heinrich Heine)

Mein Ziel Nr. 1 : _____

Mein Ziel Nr. 2 : _____

Mein Ziel Nr. 3 : _____

„Kein Problem wird gelöst, wenn wir träge darauf warten, dass Gott allein sich darum kümmert."

(Martin Luther King)

Mein Ziel Nr. 1 : _____

Mein Ziel Nr. 2 : _____

Mein Ziel Nr. 3 : _____

„Es ist dumm, sich über die Welt zu ärgern. Es kümmert sie nicht."

(Mark Aurel)

Mein Ziel Nr. 1 : _____

Mein Ziel Nr. 2 : _____

Mein Ziel Nr. 3 : _____

„Im Grunde haben die Menschen
nur zwei Wünsche: Alt zu werden
und dabei jung zu bleiben."

(Peter Bamm)

Mein Ziel Nr. 1   : _____

Mein Ziel Nr. 2   : _____

Mein Ziel Nr. 3   : _____

> „Nichts ist entweder gut oder schlecht. Es sind unsere Gedanken, die es dazu machen."

(Benjamin Franklin)

Mein Ziel Nr. 1 : _____

Mein Ziel Nr. 2 : _____

Mein Ziel Nr. 3 : _____

„Der Mensch kann in seinem kurzen und gefahrenreichen Leben einen Sinn nur finden, wenn er sich dem Dienst an der Gesellschaft widmet.“

(Albert Einstein)

Mein Ziel Nr. 1   : _____

Mein Ziel Nr. 2   : _____

Mein Ziel Nr. 3   : _____

„Und bist du nicht willig, so brauch ich Geduld."

(Peter Kruse)

Mein Ziel Nr. 1 : _____

Mein Ziel Nr. 2 : _____

Mein Ziel Nr. 3 : _____

„Auch eine Enttäuschung, wenn sie nur gründlich und endgültig ist, bedeutet einen Schritt vorwärts."

(Max Planck)

Mein Ziel Nr. 1 : _____

Mein Ziel Nr. 2 : _____

Mein Ziel Nr. 3 : _____

„Gegen Angriffe kann man sich wehren, gegen Lob ist man machtlos."

(Siegmund Freud)

Mein Ziel Nr. 1 : _____

Mein Ziel Nr. 2 : _____

Mein Ziel Nr. 3 : _____

„Der Mensch beherrscht die Natur, bevor er gelernt hat, sich selbst zu beherrschen."

(Albert Schweitzer)

Mein Ziel Nr. 1 : _____

Mein Ziel Nr. 2 : _____

Mein Ziel Nr. 3 : _____

„Wenn du etwas machst, wie du es vor zehn Jahren gemacht hast, dann sind die Chancen recht groß, dass du es falsch machst."

(Charles Kettering)

Mein Ziel Nr. 1   : _____

Mein Ziel Nr. 2   : _____

Mein Ziel Nr. 3   : _____

„Ich beschäftige mich nicht mit dem, was getan worden ist. Mich interessiert, was getan werden muss."

(Marie Curie)

Mein Ziel Nr. 1 : _____

Mein Ziel Nr. 2 : _____

Mein Ziel Nr. 3 : _____

„Unsere größte Schwäche liegt im Aufgeben. Der sicherste Weg zum Erfolg ist immer, es doch noch einmal zu versuchen."

(Thomas Alva Edison)

Mein Ziel Nr. 1 : _____

Mein Ziel Nr. 2 : _____

Mein Ziel Nr. 3 : _____

„Es ist sinnlos zu sagen: Wir tun unser Bestes. Es muss dir gelingen, das zu tun, was erforderlich ist."

(Winston Churchill)

Mein Ziel Nr. 1 : _____

Mein Ziel Nr. 2 : _____

Mein Ziel Nr. 3 : _____

„Das einzig Wichtige im Leben sind die Spuren der Liebe, die wir hinterlassen, wenn wir gehen."

(Albert Schweitzer)

Mein Ziel Nr. 1 : _____

Mein Ziel Nr. 2 : _____

Mein Ziel Nr. 3 : _____

„Wer das Leben nicht schätzt, der verdient es nicht."

(Leonardo Da Vinci)

Mein Ziel Nr. 1 : _____

Mein Ziel Nr. 2 : _____

Mein Ziel Nr. 3 : _____

„Die Menschen stolpern nicht über Berge, sondern über Maulwurfshügel."

(Konfuzius)

Mein Ziel Nr. 1   : _____

Mein Ziel Nr. 2   : _____

Mein Ziel Nr. 3   : _____

„Einen Vorsprung im Leben hat, wer da anpackt, wo die anderen erst einmal reden."

(John F. Kennedy)

Mein Ziel Nr. 1   : _____

Mein Ziel Nr. 2   : _____

Mein Ziel Nr. 3   : _____

„Liebe ist nicht das was man erwar-
tet zu bekommen, sondern das was
man bereit ist zu geben."

(Katharine Hepburn)

Mein Ziel Nr. 1 : _____

Mein Ziel Nr. 2 : _____

Mein Ziel Nr. 3 : _____

„Denkt daran, dass eure Völker euch daran messen, was ihr schafft und nicht daran, was ihr zerstört."

(Barack Obama)

Mein Ziel Nr. 1   : _____

Mein Ziel Nr. 2   : _____

Mein Ziel Nr. 3   : _____

„Vorstellungskraft ist die Vorschau
auf die kommenden Attraktionen
des Lebens."

(Albert Einstein)

Mein Ziel Nr. 1   : _____

Mein Ziel Nr. 2   : _____

Mein Ziel Nr. 3   : _____

„Die Zeit verwandelt uns nicht. Sie entfaltet uns nur."

(Max Frisch)

Mein Ziel Nr. 1   : _____

Mein Ziel Nr. 2   : _____

Mein Ziel Nr. 3   : _____

„Das menschliche Wissen ist dem menschlichen Tun davongelaufen, das ist unsere Tragik. Trotz aller unserer Kenntnisse verhalten wir uns immer noch wie die Höhlenmenschen von einst."

(Friedrich Dürrenmatt)

Mein Ziel Nr. 1 : _____

Mein Ziel Nr. 2 : _____

Mein Ziel Nr. 3 : _____

„Geh deinen Weg
und lass die Leute reden."

(Dante)

Mein Ziel Nr. 1 : _____

Mein Ziel Nr. 2 : _____

Mein Ziel Nr. 3 : _____

„Die Natur braucht sich nicht
anzustrengen, bedeutend zu sein.
Sie ist es."

(Robert Walser)

Mein Ziel Nr. 1   : _____

Mein Ziel Nr. 2   : _____

Mein Ziel Nr. 3   : _____

„Inmitten der Schwierigkeiten liegt die Möglichkeit."

(Albert Einstein)

Mein Ziel Nr. 1 : _____

Mein Ziel Nr. 2 : _____

Mein Ziel Nr. 3 : _____

„Wie zahlreich sind doch die Dinge, deren ich nicht bedarf."

(Sokrates)

Mein Ziel Nr. 1 : _____

Mein Ziel Nr. 2 : _____

Mein Ziel Nr. 3 : _____

„Wem genug zu wenig ist, dem ist nichts genug."

(Epikur)

Mein Ziel Nr. 1 : _____

Mein Ziel Nr. 2 : _____

Mein Ziel Nr. 3 : _____

„Identifiziere dich mit Ideen, nie aber mit Sachen."

(Jakob Bosshart)

Mein Ziel Nr. 1 : _____

Mein Ziel Nr. 2 : _____

Mein Ziel Nr. 3 : _____

„Wer Großes versucht, ist bewundernswert, auch wenn er fällt."

(Lucius Annaeus Seneca)

Mein Ziel Nr. 1   : _____

Mein Ziel Nr. 2   : _____

Mein Ziel Nr. 3   : _____

„Nur wer etwas leistet, kann sich etwas leisten."

(Michail Gorbatschow)

Mein Ziel Nr. 1 : _____

Mein Ziel Nr. 2 : _____

Mein Ziel Nr. 3 : _____

„Wer stark ist, kann sich erlauben, leise zu sprechen."

(Theodore Roosevelt)

Mein Ziel Nr. 1 : _____

Mein Ziel Nr. 2 : _____

Mein Ziel Nr. 3 : _____

„Zuerst ignorieren sie dich, dann lachen sie über dich, dann bekämpfen sie dich und dann gewinnst du."

(Mahatma Gandhi)

Mein Ziel Nr. 1   : _____

Mein Ziel Nr. 2   : _____

Mein Ziel Nr. 3   : _____

„Eine stolz getragene Niederlage ist auch ein Sieg."

(Marie von Ebner-Eschenbach)

Mein Ziel Nr. 1 : _____

Mein Ziel Nr. 2 : _____

Mein Ziel Nr. 3 : _____

„Talent gewinnt Spiele, aber Teamwork und Intelligenz gewinnt Meisterschaften."

(Michael Jordan)

Mein Ziel Nr. 1 : _____

Mein Ziel Nr. 2 : _____

Mein Ziel Nr. 3 : _____

„Oh welche Zauber liegen in diesem kleinen Wort: Daheim."

(Emmanuel Geibel)

Mein Ziel Nr. 1   : _____

Mein Ziel Nr. 2   : _____

Mein Ziel Nr. 3   : _____

„Glück ist das einzige, was wir anderen geben können, ohne es selbst zu haben."

(Carmen Sylva)

Mein Ziel Nr. 1   : _____

Mein Ziel Nr. 2   : _____

Mein Ziel Nr. 3   : _____

„Das Geheimnis des Glücks liegt nicht im Besitz, sondern im Geben. Wer andere glücklich macht, wird glücklich."

(André Gide)

Mein Ziel Nr. 1 : _____

Mein Ziel Nr. 2 : _____

Mein Ziel Nr. 3 : _____

„Holzhacken ist deshalb so beliebt, weil man bei dieser Tätigkeit den Erfolg sofort sieht."

(Albert Einstein)

Mein Ziel Nr. 1 : _____

Mein Ziel Nr. 2 : _____

Mein Ziel Nr. 3 : _____

Schlussgedanken

Falls Sie bereits hier angekommen sind, dürfen Sie wirklich stolz sein! Ich hätte das wohl nicht auf die Reihe gekriegt…

Alle Zitate gelesen? Bei jedem Zitat mindestens ein Ziel definiert? Vermutlich nicht! Dies ist auch nicht weiter tragisch.

Auch wenn Sie dank diesem Buch nur ein einziges Ziel definieren, sind Sie dem Glück und Erfolg schon nähergekommen. Falls Sie das Ziel dann auch noch umsetzten, ist dies schon fast Weltklasse!

Brauchen Sie dieses Buch wie es Ihnen gefällt und so oft wie möglich. Es passt perfekt in Ihre Jackentasche, Handtasche und sieht doch auch auf dem Nachttisch echt cool aus.

Sie dürfen dieses Buch auch gerne jemandem schenken. Mein Portemonnaie wird extrem glücklich sein 😊.

Ich wünsche Ihnen und Ihren Lieben ein glückliches und erfolgreiches Leben.

Michel F. Bolle – September 2017

Für Rückmeldungen, Fragen oder ein signiertes Exemplar dieses Buches, dürfen Sie mich jederzeit gerne kontaktieren:

m.bolle@gmx.ch

Zeitfracht Medien GmbH
Ferdinand-Jühlke-Straße 7
99095 Erfurt, Deutschland
produktsicherheit@kolibri360.de